Paris 17 Novembre 98

Marqué P

# Mobilier Artistique

ANCIEN ET MODERNE

Argenterie, Faïences, Porcelaines, Bronzes

Sculptures, Tableaux

SALON LOUIS XVI EN TAPISSERIE

*Tapisseries anciennes*

IMPRIMERIE MAULDE ET RENOU

MAULDE, DOUMENC & Cie

IMPRIMEURS DE LA COMPAGNIE DES COMMISSAIRES-PRISEURS

*Rue de Rivoli, 144. — Paris*

# CATALOGUE

D'UN

# MOBILIER ARTISTIQUE

## ANCIEN ET MODERNE

PORCELAINES DE LA CHINE, DU JAPON, DE SAXE, ETC.

**Faïences de Delft, de Rouen et autres**

OBJETS DE VITRINE, ÉVENTAILS, OBJETS VARIÉS

ARGENTERIE ANCIENNE ET DE STYLE

Pendules et Bronzes

PORTRAITS DU XVIIIe SIÈCLE

**Sculptures par d'ÉPINAY**

SALON LOUIS XVI EN ANCIENNE TAPISSERIE

*Meubles et Sièges de diverses époques*

PIANO DROIT DE PLEYEL

TAPISSERIES ANCIENNES

**Étoffes, Tentures, Tapis**

DONT LA VENTE AURA LIEU

## HOTEL DROUOT, SALLE N° 1

**Les Jeudi 17 et Vendredi 18 Novembre 1898**

A DEUX HEURES

M° L. BRIÈRE, COMMISSAIRE-PRISEUR

Rue Richer, 4

EXPERTS

| MM. MANNHEIM | M. B. LASQUIN |
| --- | --- |
| Rue Saint-Georges, 7 | Rue Laffitte, 12 |

EXPOSITION PUBLIQUE

**Le Mercredi 16 Novembre 1898, de 1 heure 1/2 à 5 heures 1/2**

## CONDITIONS DE LA VENTE

Elle sera faite au comptant.

Les acquéreurs paieront CINQ CENTIMES PAR FRANC, en sus des enchères.

Aucune réclamation ne sera admise une fois l'adjudication prononcée

MAULDE, DOUMENC et Cie, imp. de la Cie des Commissaires-Priseurs, rue de Rivoli, 144. 800—77364

# DÉSIGNATION

## PORCELAINES DE LA CHINE ET DU JAPON

1 — Paire de Potiches avec leurs couvercles, en ancienne porcelaine de Chine à décor doré : paysages et lambrequins sur fond bleu soufflé.

2 — Grand Plat rond en ancienne porcelaine de Chine, famille verte, à décor de fleurs, papillons et oiseaux ; marli à fond partiellement bleu orné de chrysanthèmes.

3 — Petit Plat en ancienne porcelaine de Chine, famille verte, décoré d'un arbuste en fleurs ; marli offrant de petites réserves.

4 — Plat rond en ancienne porcelaine de Chine, famille rose à décor de fleurs ; marli orné de fruits, fleurs et animaux.

5-6 — Deux petits Plats variés en ancienne porcelaine de Chine, famille verte, à décor de personnages.

7 — Deux très petites Potiches avec couvercles en ancienne porcelaine de Chine, famille rose; décor de fleurs sur fond capucin.

8 — Deux petits Vases en ancienne porcelaine de Chine, à couverte rouge; monture en bronze à motifs rocaille.

9 — Compotier en ancienne porcelaine de Chine, à décor de personnages dans un paysage.

10 — Pitong cylindrique ajouré en ancien blanc de Chine.

11 — Vasque en grès chinois, à décor d'oiseaux et arbustes.

12 — Deux Sucriers avec leurs couvercles et leurs plateaux en ancienne porcelaine de la Cie des Indes, armoiries et fleurs.

13 — Paire de Potiches avec leurs couvercles en ancienne porcelaine du Japon, à décor polychrome et or, réserves de personnages et fleurs sur fond bleu chargé de chrysanthèmes.

14 — Deux grands Plats en ancienne porcelaine

du Japon, à décor bleu, rouge et or : personnages dans un jardin, marli à rinceaux fleuris.

15 — Grand Plat rond en ancienne porcelaine du Japon, à décor de réserves d'animaux et larges palmettes sur fond bleu.

16 — Grand Plat rond en ancienne porcelaine du Japon, décoré, au fond, de chiens de Fô et de fleurs, au marli de réserves contenant des fleurs et des oiseaux sur champ de rinceaux.

17 — Plat rond en ancienne porcelaine du Japon, orné d'un arbuste fleuri; marli à compartiments de fleurs et insectes, décor en bleu, rouge et or.

18 — Plat rond en ancienne porcelaine du Japon, à décor bleu, rouge et or de grosses fleurs.

19 — Bouteille à décor de personnages en porcelaine du Japon.

## PORCELAINES DIVERSES

20 — Vase pot-pourri sphérique côtelé et son couvercle en ancienne porcelaine de Chantilly, à décor de fleurettes et gerbes dans le goût

japonais ; monture en bronze ciselé et doré à anses têtes de béliers. Époque Louis XVI.

21 — Groupe en ancien biscuit de Sèvres : Vénus et l'Amour enguirlandés de fleurs. Signé L. R. (Leriche).

22 — Sucrier avec couvercle en ancienne porcelaine tendre de Sèvres, décor de fleurs et de rubans.

23 — Deux pièces : Flacon à thé en ancienne porcelaine dure de Sèvres, émaillée marron et Tasse avec soucoupe, décor de fleurs, en porcelaine.

24 — Deux pièces : Sucrier avec couvercle et Coupe en ancienne porcelaine de Boissette, décor de fleurs.

25 — Cache-Pot à bords contournés en ancienne porcelaine de Saxe, à décor de fleurs en couleurs sur fond à côtes obliques ; anses rocaille.

26 — Berger jouant du flageolet au milieu de ses brebis. Ancienne porcelaine de Saxe.

27 — Deux Figurines en ancienne porcelaine de Saxe : Marchande et Marchand de poissons.

28 — Petit Groupe en ancienne porcelaine de Saxe : Marchande de fruits, auprès d'elle un petit garçon.

29-30 — Deux Figurines variées de Joueurs de cornemuse assis. Ancienne porcelaine de Saxe.

31 — Assiette creuse à marli ajouré en ancienne porcelaine de Saxe, décor de fleurs.

32 — Cuiller en ancienne porcelaine de Saxe à décor de fleurs.

33 — Autre Cuiller, plus petite, même porcelaine.

34 — Deux Chiens assis se faisant pendants, en ancienne porcelaine de Saxe-Marcolini.

35 — Hanap-casque en ancienne porcelaine de Saxe, à décor de fleurs et d'insectes.

36 — Jardinière à bords festonnés à décor de fleurs. Porcelaine de Saxe-Marcolini.

37 —. Cabaret en porcelaine genre Saxe: plateau, pot à lait, théière et deux tasses avec soucoupes et couvercles.

38 — Deux petites Bouteilles sur pieds carrés en

ancienne porcelaine de Furstenberg, décor de fleurs.

39 — Pot à lait en ancienne porcelaine de Louisbourg, décor de fleurs.

## FAIENCES

40 — Deux petites Bouteilles en ancienne faïence de Delft, à décor polychrome de fleurs de style japonais.

41 — Paire de Bouteilles, en ancienne faïence de Delft, décor bleu de fleurs.

42 — Grande Bouteille à pans et col renflé, en ancienne faïence de Delft, décor bleu de fleurs, lambrequins à la base.

43 — Deux Plaques variées, décorées chacune d'une armoirie, dont une entourée d'amours et de feuillages. Ancienne faïence de Delft.

44 — Deux petits Souliers en ancienne faïence de Delft à décor de fleurs sur fond bleu.

45 — Paire de Lions assis en ancienne faïence de Delft à décor polychrome.

46 — Deux Vaches debout en ancienne faïence de Delft à décor polychrome de fleurs.

47 — Porte-Fleurs à décor de fleurs en bleu. Ancienne faïence de Delft.

48-49 — Deux Assiettes en ancienne faïence de Delft, décor au tonnerre.

50-51 — Deux Assiettes en ancienne faïence de Rouen à décor de personnages et paysages dans le goût chinois.

52 — Assiette à bords festonnés en ancienne faïence de Rouen, décor d'habitations et de fleurs; marli quadrillé.

53 — Deux Cache-Pots en ancienne faïence de Rouen, guirlandes de fleurs et quadrillés.

54 — Bannette octogone à anses torsades en ancienne faïence de Rouen; corbeille de fleurs, guirlandes et lambrequins en couleurs.

55 — Plateau oblong à huit pans en ancienne faïence de Rouen à décor polychrome : corbeille de fleurs au fond; guirlandes, feuillages et semis de fleurs à la chute.

56 — Saucière en ancienne faïence de Rouen, fleurs et quadrillés.

57 — Bannette à deux anses et bords festonnés en ancienne faïence de Rouen, décor à la corne.

58 — Deux Assiettes à bords festonnés en ancienne faïence de Rouen, décor à la corne.

59 — Hanap-casque en ancienne faïence de Rouen, décor et lambrequin en bleu.

60 — Deux petites Jardinières-Appliques en ancienne faïence de Rouen, décor à la corne.

61 — Ecuelle avec couvercle en ancienne faïence de Nevers, décor de rinceaux sur fond bleu.

62 — Paire de Lions couchés en ancienne faïence de Nevers, décor bleu.

63 — Jardinière en ancienne faïence de Lorraine à décor d'animaux et arbustes en léger relief.

64 — Grand Cache-Pot à deux anses en ancienne faïence de Moustiers à décor orange et vert de personnages grotesques, avec lambrequins en bleu au culot et au piédouche.

65 — Cornet de pharmacie en ancienne faïence du Midi, à décor de fleurs et oiseaux.

66 — Cornet de pharmacie en ancienne faïence de Castel-Durante, orné de médaillons-bustes et de fleurs.

67 — Deux petits Plats en ancienne faïence de Castelli, décorés, l'un d'un paysage, l'autre du sujet de Vénus corrigeant l'Amour; marli orné d'amours et de rinceaux ; rehauts d'or.

68 — Deux petites Assiettes en ancienne faïence de Castelli, décorées, l'une d'une figure allégorique, l'autre du sujet : Suzanne et les Vieillards ; marli orné d'amours ; rehauts d'or.

69 — Plaque ronde en ancienne faïence de Castelli ; sujet tiré de l'histoire de Job, avec la signature de *Dr. Franc. X. Grve.*

70 — Plat creux décoré de guerriers et d'un porte-étendard, en ancienne faïence de Monte-Lupo.

71 — Paire de Potiches ovoïdes côtelées et leurs couvercles en faïence à décor polychrome d'oiseaux et de fleurs dans le goût chinois.

72 — Bannette à bords festonnés, en faïence à décor de motifs rocaille et d'oiseaux.

## TABLEAUX

73 — **Clouet** (École de). Portrait d'Elisabeth d'Autriche, reine de France, en buste, presque

de face, richement vêtue et parée de bijoux. Bois. Encadré.

H. 0m 28, l. 0m 21.

74 — **École française.** Portrait d'une jeune princesse de la Maison de France, debout, richement vêtue de blanc, avec manteau bleu fleurdelisé ; auprès d'elle, une table sur laquelle est posée la couronne royale. Cadre Louis XIV, en bois sculpté et doré.

H. 0m 73, l. 0m 58.

Vente du baron Pichon, avril 1897.

75 — **École française.** Portrait de femme debout, vêtue de bleu avec draperie blanche, corsage décolleté orné de perles. Toile. Encadrée.

H. 0m 46, l. 0m 35.

76 — **Favray** (Le chevalier). Portrait présumé de la Guimard, vêtue de satin rose et de soie à fleurs ; elle est étendue sur un canapé, un éventail à la main et s'appuie contre un coussin. Cadre ancien en bois sculpté et doré.

H. 0m 79, l. 0m 63.

77 — **Gillot.** Cortège d'enfants. Sanguine. Cadre en bois doré.

78 — **Largillière** (Attribué à N. de). Portrait présumé de Marie-Madeleine d'Espinay Duretal, comtesse de Brionne, femme de Henri de Lor-

raine, comte de Brionne, et de son fils unique Louis de Lorraine, prince de Lambesc. Représentée de trois quarts, assise, en robe décolletée; la tête s'appuie sur la main droite, le coude posé sur le dossier du siège. De la main gauche, elle flatte un petit épagneul que son fils, habillé d'une robe de velours, agace du doigt. Fond de verdure. Beau tableau d'une agréable coloration, dans un cadre ancien en bois sculpté et doré.

Toile h. 1m 16, l. 0m 90.

Vente du baron Pichon, avril 1897.

79 — **Moulignon** (Léopold de). Enfant et Chien. Aquarelle. Encadrée.

80 — Grande Miniature : l'Adoration des Mages, composition de nombreux personnages, fond de paysage avec ruines. Datée 1615. Encadrée.

81 — Tableau de sainteté peint sur cuivre : la Vierge, l'Enfant Jésus et saint Jean-Baptiste, entourés de fleurs. XVIIe siècle.

## BIJOUX, OBJETS DE VITRINE

82 — Broche enrichie de diamants montés argent. XVIIIe siècle.

83 — Boucle de ceinture à torsade en or.

84 — Bague en or enrichie d'un saphir cabochon et de deux petits brillants.

85 — Bracelet-Chaînette en or, enrichi d'un brillant.

86 — Bracelet-Chaînette en or, enrichi d'une perle fine.

87 — Bourse en or.

88 — Bonbonnière oblongue en ancienne porcelaine de Saxe à décor de sujets militaires sur toutes ses faces et au revers du couvercle.

89 — Bonbonnière oblongue en ancien émail de Saxe à décor de fleurettes ; le revers du couvercle présente un bouquet de fleurs.

90 — Étui-Nécessaire en galuchat, garnitures d'or et de petites plaques de cornaline ; ustensiles à l'intérieur. Époque Louis XV.

91 — Couteau de poche du temps de Louis XVI, à manche de nacre, garni or,

92 — Chapelet composé de grenats reliés par des chaînons d'argent. XVIIe siècle.

93 — Chapelet composé de grains de cristal de roche-améthyste avec croix d'argent doré.

94 — Miniature : portrait de jeune homme, en buste, presque de face, portant un large col ; dans un cadre ovale en cuivre.

## ÉVENTAILS

95 — Éventail du temps de Louis XV, à monture de nacre ajourée et partiellement dorée, à décor de personnages ; la feuille présente le triomphe d'Amphitrite.

96 — Éventail du temps de Louis XV, à monture de nacre dorée ; sur la feuille, groupes de personnages dans la campagne.

97 — Éventail du temps de Louis XV, à monture d'ivoire, ajouré et peint ; feuille offrant des paysages animés.

98 — Éventail du temps de Louis XVI, à monture d'ivoire, ajouré et doré ; feuille en soie crème présentant des réserves à sujet galant et vases de fleurs ; rehauts de paillettes.

99 — Éventail du temps de Louis XVI, à monture d'ivoire ; feuille en soie crème, à personnages et fleurs avec rehauts de paillettes.

## ARGENTERIE ET PLAQUÉ

100 — Paire de Flambeaux en argent à base octogone, tige balustre à pans, décor de feuillages gravés. Poinçons de J. Cottin, sous-fermier des droits de marque. Années 1730-31.

101 — Paire de Flambeaux-balustres à pans, en argent à décor de moulures. XVIII^e siècle.

102 — Deux Candélabres à deux lumières en argent, à décor de cannelures, guirlandes, et branches porte-lumières simulant des branchages enchevêtrés. XVIII^e siècle.

103 — Plat ovale en argent. Vieux Paris.

104 — Plat rond à bords festonnés, armorié. Vieux Paris. Argent.

105 — Plat long à bords festonnés, en argent. XVIII^e siècle.

106 — Deux Plats creux variés, en argent, l'un du XVIII^e siècle, l'autre, chiffré, du commencement du XIX^e siècle.

107 — Plat long à bords festonnés, en argent, armorié.

108-109 — Quatre Plats ronds variés à bords festonnés (chiffrés), en argent, l'un d'eux à anses.

110 — Petit Plat en argent, chiffré, maison Odiot.

111 — Trois Pièces : deux petits Plats longs en argent, chiffrés, et petit Plateau de saucière.

112 — Cafetière en argent, décor de guirlandes sur fond côtelé. XVIIIe siècle.

113 — Bassin ovale en argent (chiffré). Commencement du XIXe siècle.

114 — Cafetière en argent, ornée d'une rose sur le couvercle, manche d'ivoire. Commencement du XIXe siècle.

115 — Moutardier en argent ajouré, décor de guirlandes et personnages. Vieux Paris. Époque Louis XVI. Récipient en verre bleu.

116 — Deux Salières ovales en argent ajouré, décor de guirlandes, récipients de verre bleu.

117 — Bougeoir en argent. XVIIIe siècle.

118 — Timbale en argent gravé à fleurs et quadrillés. XVIIIe siècle.

119 — Sept pièces, argent : Casseroles et Poêlons.

120 — Sucrier avec couvercle en argent, guirlandes, motifs rocaille et armoiries. XVIIIe siècle.

121 — Bouilloire avec couvercle, en argent. Vieux Paris. Manche en ivoire.

122 — Timbale en argent gravé (chiffrée), décor de guirlandes.

123 — Deux Flacons en cristal, monté argent.

124 — Coupe en cristal, garnie argent doré.

125 — Coupe sur piédouche et à deux anses en argent.

126 — Petite Cuvette en argent uni.

127 — Petite Bouillotte en argent.

128 — Sonnette en argent (chiffrée).

129 — Quatre Pièces, argent : deux très petites Théières et deux petits Pots à lait.

130 — Brosse à miettes en argent gravé (chiffrée).

131 — Dix Pièces : Brosse à dessus d'argent, quatre Pots de toilette, Boite longue en cristal, à couvercles d'argent, deux petits Récipients en verre, garnis argent, et deux Dessous de Carafes.

132 — Service à salade de deux pièces, argent et ivoire.

133 — Saucière en argent.

134 — Sucrier avec couvercle en argent; décor de motifs rocaille.

135 — Sucrier avec couvercle en argent, décor de motifs rocaille sur fond côtelé en spirale.

136 — Jardinière oblongue en argent ajouré, à décor de rinceaux, fleurs, satyres. Double-fond en verre rose.

137 — Coupe de forme carrée à bords festonnés en argent.

138 — Six Cuillers et six Fourchettes à entremets en argent, chiffrées. Commencement du XIXe siècle.

139 — Six Fourchettes à huîtres, en argent. Chiffrées.

140 — Dix Fourchettes et six Cuillers en argent. Armoriées.

141 — Douze petites Cuillers en argent. Chiffrées.

142 — Six petites Pelles à sel variées, en argent.

143 — Quatre Brochettes, argent.

144 — Pince à sucre en argent, chiffrée.

145 — Cuiller à saupoudrer, en argent, armoriée.

146 — Petit Couteau à fromage, argent et nacre.

147 — Douze Couverts (cuillers et fourchettes), argent, à rubans et feuillages. Chiffrés.

148 — Douze Fourchettes à huîtres, en argent, même modèle.

149 — Deux Cuillers à sauce, de même modèle.

150 — Douze Couteaux à lames d'argent. Commencement du XIXe siècle.

151 — Dix-huit Couteaux à lames d'acier.

152 — Encrier en cristal et argent.

153 — Légumier avec couvercle (chiffré) en plaqué.

154 — Plusieurs Pièces en métal : plat ovale chiffré, plateau, petit plat ovale, jardinière ovale en forme de corbeille, deux coquetiers, coupe, tasse avec soucoupe, deux bouteilles et chope.

## OBJETS VARIÉS, SCULPTURES

155 — Pistolet à rouet à fût et crosse de bois incrusté de cuivre ; batterie et canon de fer doré décoré d'un cartouche, d'un mufle de lion et d'une figure allégorique. Travail espagnol de la fin du XVI$^{e}$ siècle.

156 — Plaque en ancien émail peint de Limoges, par Jean I Penicaud : l'Annonciation.

157 — Bas-Relief en ivoire : l'Adoration des Bergers. XVII$^{e}$ siècle.

158 — Porte-Pipes en fer à décor doré.

159 — Baromètre-Thermomètre en bois sculpté et doré, du temps de Louis XVI, à décor de branches de laurier, glands et monogramme.

160 — Cartel de même ornementation que le baromètre précédent, mais de travail moderne.

161 — Deux Glaces étroites dans des cadres en bois sculpté et doré, surmontés de vases enguirlandés. Travail hollandais. XVIII$^{e}$ siècle.

162 — Miroir dans un cadre en bois sculpté du XVII$^{e}$ siècle, à décor de feuilles.

163 — Cadre en bois sculpté surmonté d'une couronne de fleurs. xviiie siècle.

164 — Petit Cadre en bois doré de style Louis XVI.

165 — Trumeau en bois sculpté, peint gris et doré à décor de moulures, avec Amour tenant les attributs de Jupiter ; il contient une glace et une peinture sur toile offrant un panier de fleurs. Époque Louis XVI.

166 — Christ en buis sculpté sur croix en bois doré, cadre à palmettes et feuillages en bois sculpté et doré. xviie siècle.

167 — Petit Groupe en buis : La Charité. xviie siècle.

168 — Petite Boîte à musique, du xviiie siècle.

169 — Piano droit de Pleyel.

170 — Statuette en marbre blanc de Satyre appuyé à une roche et enguirlandé de raisin ; par d'Épinay. Signée.

171 — Statuette en marbre blanc : Le Croquet ; l'Amour, debout, se prépare à frapper du maillet un cœur qui lui tient lieu de boule ; par d'Épinay. Signée.

172 — Deux petites Coupes en porphyre rouge; base en bronze.

173 — Deux Coupes sur piédouches en marbre rosé.

174 — Boîte oblongue vitrée sur toutes ses faces et montée argent.

175 — Trois Plateaux de surtout en glace, garnis de plaqué.

176 — Petit Chiffonnier de poupée en bois de placage. Époque Louis XVI.

177 — Petite Commode de poupée en acajou à dessus de marbre. Époque Louis XVI.

178 — Petite Armoire de poupée.

## PENDULES

179 — Pendule-Applique avec socle en marqueterie de cuivre sur écaille, garnie de bronzes, tels que bas-relief : triomphe du roi, encadrements, figurine d'enfant, etc. XVII^e siècle.

180 — Pendule Louis XVI en marbre blanc et bronze doré, ornée de trois figurines d'amours

et de frises présentant des jeux d'amours. Cadran au nom de *Balthazar, à Paris.*

181 — Pendule Louis XVI, en marbre blanc, garnie de bronzes, rinceaux, guirlandes, volutes, frises; Cadran signé *Mercier, à Paris*

182 — Pendule Louis XVI, en marbre blanc et bronze doré, à décor de dauphins, jet d'eau, roseaux et mufle de lion. Cadran signé : *D.-F. Dubois, à Paris.*

183 — Pendule du temps de Louis XVI, à mouvement apparent, en marbre rouge-griotte, ornée de bronzes tels que palmettes, feuilles d'acanthe, frise de jeux d'Amours. Elle est surmontée d'une cassolette émaillée bleu et garnie de bronzes de même époque.

## BRONZES

184 — Statuette d'Apollon debout, la lyre à la main, en bronze à patine noire. Travail italien de la fin du XVI^e^ siècle.

185 — Statuette en bronze patiné, enfant nu agenouillé et cueillant des fleurs. Commencement du XIX^e^ siècle.

186 — Petit Mortier en bronze, décor de mascarons. XVIIe siècle.

187 — Paire de Flambeaux en dinanderie. XVIIe siècle.

188 — Petite Crémaillère en bronze.

189 — Paire de Candélabres à deux lumières, en bronze, ornés de deux statuettes d'enfants, à patine brune et figurant l'Été et l'Automne, assis sur une base en marbre jaune de Sienne.

190 — Deux Flambeaux Louis XVI, en bronze doré à figurines d'Amours debout, sur bases en marbres blanc et rouge-griotte.

191 — Coupe Empire en bronze ajouré et doré, sur fût de colonnette cannelée en marbre rouge-griotte.

192 — Deux Aiguières en marbre vert, à monture de bronze doré, formée d'une anse à volutes et Satyres ainsi que d'une base à tore de laurier. Style Louis XVI.

193 — Paire de Girandoles à trois lumières, formées chacune d'un vase en marbre blanc et bronze, à anses têtes de béliers, draperies et culot feuillagé.

194 — Deux petits Vases avec couvercles en marbre rose, garnis de bronzes, guirlandes, têtes de béliers, graine.

## SIÈGES COUVERTS EN TAPISSERIE

195 — Canapé et six Fauteuils en bois sculpté et doré, couverts de tapisserie du temps de Louis XVI, à médaillons ovales à sujets tirés des fables de Lafontaine et à personnages, avec encadrements de fleurs sur fond blanc.

196 — Deux Marquises en bois sculpté et doré, couvertes de tapisserie du temps de Louis XV, vases de fleurs et de fruits sur fond blanc, encadré de rouge.

197 — Canapé et deux Fauteuils en bois doré, couverts en tapisserie à dessin Louis XVI, de fleurs, rinceaux et guirlandes sur fond blanc.

## SIÈGES

198 — Canapé et deux Fauteuils en bois sculpté et doré, couverts d'ancien velours ciselé à ramages polychromes sur fond blanc, avec deux coussins de même velours.

199 — Deux Fauteuils variés en bois sculpté du temps de la Régence, à décor de palmettes, feuillages et quadrillés, l'un d'eux à manchettes de velours ciselé.

200 — Deux Chaises en bois sculpté et peint, à décor de palmettes, feuillages et menus rinceaux. Époque Louis XV. Elles sont couvertes de damas vert.

201 — Bergère du temps de Louis XVI en bois sculpté et peint gris à décor de moulures, couverte en toile imprimée.

202 — Chaise à dossier ovale en bois sculpté, à décor de couronnes de fleurs et baguette enrubannée; elle est couverte de velours rouge ciselé. Époque Louis XVI.

203 — Deux Fauteuils bas Louis XVI, en bois sculpté à décor de feuillages et moulures, couverts en ancien velours rouge ciselé.

204 — Deux Tabourets de pieds en bois sculpté et doré, couverts d'ancien velours à fleurs sur fond blanc.

205 — Deux Chaises légères en bois sculpté, à quadrillés et palmettes, sièges et dossiers cannés. Style Régence. Maison Dromard.

206 — Quatre Chaises en acajou sculpté à décor de cannelures et panaches avec rangs de perles en bronze; sièges et dossiers couverts de satin rayé et broché à fleurs.

207 — Deux Chaises légères en bois sculpté à filets dorés; siège couvert en satin rayé et broché à fleurs.

208 — Stalle en bois sculpté à dossier orné de motifs de style Renaissance, tels que médaillon à tête d'homme et grotesques; pilastres cannelés de chaque côté, accotoirs feuillagés.

## MEUBLES

209 — Deux Encoignures à une porte en bois laqué à décor doré de paysage animé, de style chinois sur fond noir; encadrements et chutes en bronze; dessus de marbre brèche d'Alep. Époque Louis XV.

210 — Table-Bureau de style Louis XV en bois de placage à trois tiroirs, garnie de bronzes à décor de motifs rocaille; dessus en cuir.

211 — Bureau à dos d'âne Louis XV, en bois de violette, garnitures de bronzes à motifs rocaille.

212 — Commode à deux tiroirs en bois de placage, à médaillons quadrillés sur fond à damier; chutes, anneaux de tirage, cul-de-lampe en bronze doré. Dessus de marbre. Époque Louis XVI.

213 — Secrétaire droit, à abattant, portes et tiroir en bois de placage. Dessus de marbre gris. Époque Louis XVI.

214 — Petite Console du temps de Louis XVI, en bois sculpté et peint gris à décor de guirlandes et rosaces sur deux pieds cannelés; dessus de marbre blanc.

215 — Console Louis XVI, de forme oblongue, en acajou, garnie de cuivres avec tablette d'entre jambes.

216 — Petite Table de dame Louis XV en bois de placage, à un tiroir, sur pieds cambrés avec tablette d'entrejambes.

217 — Petite Table d'accouchée en marqueterie de bois de violette et de rose à fleurs. Époque Louis XV.

218 — Petite Table à trois tiroirs, en bois de placage à damier.

219 — Écran en bois doré à feuille de tapisserie du XVIIIe siècle, à dessin de vase de fleurs.

220 — Petit Paravent à trois feuilles, en ancien brocart, à grands ramages.

221 — Lit du temps de Louis XVI, en bois sculpté à décor de feuilles, cannelures et moulures diverses; il est couvert de velours rouge ciselé, dessus de lit en damas rouge.

222 — Lit en bois laqué blanc.

223 — Meuble à deux portes en bois de rose orné de huit panneaux d'ancienne laque, à paysage en léger relief sur fond noir; frises, encadrements et chutes en bronze.

224 — Armoire à glace ornée de panneaux en laque à fond noir et fermant à trois portes, dont une munie d'une glace; trois tiroirs à la base.

225 — Meuble à deux corps du XVI^e^ siècle, en noyer sculpté, fermant à quatre portes et contenant deux tiroirs; décor de figures allégoriques des Saisons; mascarons, guirlandes, feuillages.

226 — Meuble à deux corps en bois sculpté; le corps supérieur, du commencement du XVII^e^ siècle, est décoré de personnages et têtes de chérubins; il contient un tiroir et ferme à deux portes. Le corps inférieur, de style Renaissance, forme console à colonnettes cannelées et fond plein.

227 — Meuble-Buffet à deux corps, en chêne sculpté à décor de motifs rocaille; le corps supérieur ferme à quatre portes vitrées; le corps inférieur contient quatre tiroirs placés chacun au-dessus d'une porte.

228 — Table de salle à manger de forme carrée, en noyer sculpté, de style Renaissance, sur pieds colonnettes reliés par trois traverses.

229 — Coffre Louis XIII en bois sculpté, à façade ornée de cannelures et de feuillages alternés.

230 — Petite Table à un tiroir en bois, reposant sur six pieds colonnettes torses reliés par quatre traverses.

231 — Table en noyer à un tiroir sur pieds tors reliés par un croisillon.

232 — Deux Supports rectangulaires en bois, à dessus de marbre.

## ETOFFES

233 — Feuille d'écran en tapisserie au point, à personnages. XVII$^e$ siècle.

234 — Quatre fragments en velours rouge, avec applications de travail italien du XVI^e^ siècle.

235 — Tapis de table en velours rouge, avec large bordure de velours jaune ciselé à fleurs.

236 — Tapis de table en velours bleu, orné de bandes d'ancienne tapisserie à fleurs et fruits.

237 — Quatre Rideaux en damas rouge.

238 — Paire de Portières en damas rouge.

239 — Quatre Rideaux en damas vert.

240 — Paire de Rideaux en peluche violette, ornés de bandes d'ancienne tapisserie.

241 — Portière de soie verte.

242 — Tenture en ancien damas rouge.

243 — Quatre Rideaux en ancien damas rouge.

244 — Trois Rideaux variés.

245 — Deux Rideaux de cheminée en damas rouge.

246 — Lot de Morceaux pour jupe en ancienne soie rayée et imprimée à dessin de fleurs.

247 — Deux Coussins d'ancien velours ciselé à dessin de vase de fleurs sur fond blanc.

248 — Deux Coussins de brocart Louis XIV, à fleurs.

249 — Aumônière en velours rouge brodé d'argent. XVIII$^e$ siècle.

250 — Sac en ancien velours ciselé.

## TAPISSERIES, TAPIS

251 — Panneau en hauteur, en tapisserie à décor d'oiseaux, arbustes et pendentif d'attributs sur fond blanc ; bordure rouge à fleurs. Époque Louis XV.

H. $2^m,10$ ; l. $0^m,76$.

252 — Panneau en tapisserie du temps de Louis XV, présentant un pendentif d'attributs de l'Amour, sur fond blanc, avec encadrements de rinceaux.

H. $2^m,55$ ; l. $1^m$.

253 — Portière en tapisserie verdure ; bordures de fleurs et fruits sur fond marron. XVIII$^e$ siècle.

H. environ $2^m,70$ ; l. $1^m,30$.

254 — Portière en tapisserie verdure du XVIIIe siècle, bordures, haut et bas, de fleurs.

H. environ 2m,55; l. 1m,40.

255 — Portière en tapisserie verdure du XVIIIe siècle, bordures de fleurs et feuillages.

H. environ 2m,30; l. 1m,40.

256 — Portière en tapisserie : oiseau, habitation et arbuste ; bordures de fleurs. XVIIIe siècle.

H. 2m,70; l. 1m,25.

257 — Portière en tapisserie verdure, avec deux petits personnages au premier plan ; bordures de fleurs et rinceaux sur fond jaune. XVIIIe siècle.

H. 2m,80; l. 1m,80.

258 — Panneau en tapisserie : la Vendange, composition de plusieurs personnages ; bordures de deux côtés. XVIIIe siècle.

H. 1m,80; l. 1m,50.

259 — Panneau en largeur, en ancienne tapisserie verdure avec oiseaux.

260 — Coussin en ancienne tapisserie, à sujet guerrier, entouré de fleurs.

261-262 — Dix Bandes variées en ancienne tapisserie à dessin de fleurs, fruits, etc.

263 — Grand Tapis d'Orient à fond rouge et bordures bleues à fleurs.

264 à 268 — Cinq Tapis et Carpettes d'Orient.

www.ingramcontent.com/pod-product-compliance
Ingram Content Group UK Ltd.
Pitfield, Milton Keynes, MK11 3LW, UK
UKHW021116290826
14628UKWH00014B/2595

9 782329 402093